W0077486

Friedrich Hölderlin

Die prächtige Natur erheitert deine Tage

Es ist nichts so klein und wenig,
woran man sich nicht begeistern könnte.

Friedrich Hölderlin

Friedrich Hölderlin

Die prächtige Natur erheitert deine Tage

Das kleine Lesebuch
der Achtsamkeit

benno

Bibliografische Information der Deutschen Nationalbibliothek
Die Deutsche Nationalbibliothek verzeichnet diese
Publikation in der Deutschen Nationalbibliografie;
detaillierte bibliografische Daten sind im Internet unter
http://dnb.d-nb.de abrufbar.

Besuchen Sie uns im Internet:
www.st-benno.de

Gern informieren wir Sie unverbindlich und aktuell
auch in unserem Newsletter zum Verlagsprogramm,
zu Neuerscheinungen und Aktionen.
Einfach anmelden unter www.st-benno.de

ISBN 978-3-7462-5678-8

© St. Benno Verlag GmbH, Leipzig
Zusammengestellt von: Volker Bauch, Gößnitz
Umschlaggestaltung: Ulrike Vetter, Leipzig
Umschlagmotiv: © PolaRocket/Photocase
Gesamtherstellung: Kontext, Dresden (A)

Inhaltsverzeichnis

Wo finden wir das eine,
das uns Ruhe gibt,
Ruhe?

Der Mensch

Wenn aus sich lebt der Mensch
   und wenn sein Rest sich zeiget,
so ist's, als wenn ein Tag
   sich Tagen unterscheidet,
dass ausgezeichnet sich der Mensch
   zum Reste neiget,
von der Natur getrennt und unbeneidet.

Als wie allein ist er im andern weiten Leben,
wo rings der Frühling grünt,
   der Sommer freundlich weilet
bis dass das Jahr im Herbst hinunter eilet,
und immerdar die Wolken uns umschweben.

d. 28. Juli 1842.

Mit Untertänigkeit
Scardanelli.

Der Frühling

Wenn auf Gefilden neues Entzücken keimt
und sich die Ansicht wieder verschönt und sich
an Bergen, wo die Bäume grünen,
hellere Lüfte, Gewölke zeigen,

o! welche Freude haben die Menschen! froh
gehn an Gestaden Einsame, Ruh und Lust
und Wonne der Gesundheit blühet,
freundliches Lachen ist auch nicht ferne.

Der Frühling

Wie selig ist's, zu sehn,
  wenn Stunden wieder tagen,
wo sich vergnügt der Mensch
  umsieht in den Gefilden,
wenn Menschen sich um das Befinden fragen,
wenn Menschen sich zum frohen Leben bilden.

Wie sich der Himmel wölbt,
  und auseinander dehnet,
so ist die Freude dann an Ebnen und im Freien,
wenn sich das Herz nach neuem Leben sehnet,
die Vögel singen, zum Gesange schreien.

Der Mensch, der oft sein Inneres gefraget,
spricht von dem Leben dann,
  aus dem die Rede gehet,
wenn nicht der Gram an einer Seele naget,
und froh der Mann vor seinen Gütern stehet.

Wenn eine Wohnung prangt,
  in hoher Luft gebauet,
so hat der Mensch das Feld geräumiger
  und Wege
sind weit hinaus, dass Einer um sich schauet,
und über einen Bach gehen wohlgebaute Stege.

Der Frühling

Es kommt der neue Tag
aus fernen Höhn herunter,
der Morgen, der erwacht ist
aus den Dämmerungen,
er lacht die Menschheit an,
geschmückt und munter,
von Freuden ist die Menschheit
sanft durchdrungen.

Ein neues Leben will der Zukunft sich enthüllen,
mit Blüten scheint, dem Zeichen froher Tage,
das große Tal, die Erde sich zu füllen,
entfernt dagegen ist zur Frühlingszeit die Klage.

d. 3. März 1648.

Mit Untertänigkeit
Scardanelli.

Der Frühling

Die Sonne glänzt, es blühen die Gefilde,
die Tage kommen blütenreich und milde,
der Abend blüht hinzu, und helle Tage gehen
vom Himmel abwärts, wo die Tag' entstehen.

Das Jahr erscheint mit seinen Zeiten
wie eine Pracht, wo Feste sich verbreiten,
der Menschen Tätigkeit beginnt mit neuem Ziele,
so sind die Zeichen in der Welt, der Wunder
    viele.

d. 24. April 1839.

Mit Untertänigkeit
Scardanelli.

Der Frühling

Wenn neu das Licht der Erde sich gezeiget,
von Frühlingsregen glänzt das grüne Tal und
   munter
der Blüten Weiß am hellen Strom hinunter,
nachdem ein heitrer Tag zu Menschen sich
   geneiget.

Die Sichtbarkeit gewinnt von hellen Unter-
   schieden,
der Frühlingshimmel weilt mit seinem Frieden,
dass ungestört der Mensch des Jahres Reiz
   betrachtet,
und auf Vollkommenheit des Lebens achtet.

d. 15. März 1842.

Mit Untertänigkeit
Scardanelli.

Der Frühling

Der Tag erwacht, und prächtig ist der Himmel,
entschwunden ist von Sternen das Gewimmel,
der Mensch empfindet sich, wie er betrachtet,
der Anbeginn des Jahrs wird hoch geachtet.

Erhaben sind die Berge, wo die Ströme glänzen,
die Blütenbäume sind, als wie mit Kränzen,
das junge Jahr beginnt, als wie mit Festen,
die Menschen bilden mit Höchsten sich und
    besten.

d. 24. Mai 1748.

Mit Untertänigkeit
Scardanelli.

Der Frühling

Die Sonne kehrt zu neuen Freuden wieder,
der Tag erscheint mit Strahlen, wie die Blüte,
die Zierde der Natur erscheint sich dem Gemüte,
als wie entstanden sind Gesang und Lieder.

Die neue Welt ist aus der Tale Grunde,
und heiter ist des Frühlings Morgenstunde,
aus Höhen glänzt der Tag, des Abends Leben
ist der Betrachtung auch des innern Sinns
gegeben.

d. 20. Januar 1758.

Mit Untertänigkeit
Scardanelli.

Der Frühling

Wenn aus der Tiefe kommt der Frühling in das
    Leben,
es wundert sich der Mensch, und neue Worte
    streben
aus Geistigkeit, die Freude kehret wieder
und festlich machen sich Gesang und Lieder.

Das Leben findet sich aus Harmonie der Zeiten,
dass immerdar den Sinn Natur und Geist
    geleiten,
und die Vollkommenheit ist Eines in dem Geiste,
so findet vieles sich, und aus Natur das meiste.

d. 24. Mai 1758.

Mit Untertänigkeit
Scardanelli.

Der Sommer

Das Erntefeld erscheint,
  auf Höhen schimmert
der hellen Wolke Pracht,
  indes am weiten Himmel
in stiller Nacht die Zahl der Sterne flimmert,
groß ist und weit von Wolken das Gewimmel.

Die Pfade gehn entfernter hin,
  der Menschen Leben,
es zeiget sich auf Meeren unverborgen,
der Sonne Tag ist zu der Menschen Streben
ein hohes Bild, und golden glänzt der Morgen.

Mit neuen Farben ist geschmückt
  der Gärten Breite,
der Mensch verwundert sich,
  dass sein Bemühn gelinget,
was er mit Tugend schafft,
  und was er hoch vollbringet,
es steht mit der Vergangenheit in prächtigem
  Geleite.

Der Sommer

Noch ist die Zeit des Jahrs zu sehn,
   und die Gefilde
des Sommers stehn in ihrem Glanz,
   in ihrer Milde;
des Feldes Grün ist prächtig ausgebreitet,
allwo der Bach hinab mit Wellen gleitet.

So zieht der Tag hinaus durch Berg und Tale,
mit seiner Unaufhaltsamkeit und seinem Strahle,
und Wolken ziehn in Ruh, in hohen Räumen,
es scheint das Jahr mit Herrlichkeit zu säumen.

d. 9. März 1940.

Mit Untertänigkeit
Scardanelli.

Der Sommer

Im Tale rinnt der Bach, die Berg' an hoher Seite,
sie grünen weit umher an dieses Tales Breite,
und Bäume mit dem Laube stehn gebreitet,
dass fast verborgen dort der Bach hinunter
    gleitet.

So glänzt darob des schönen Sommers Sonne,
dass fast zu eilen scheint des hellen Tages
    Wonne,
der Abend mit der Frische kommt zu Ende,
und trachtet, wie er das dem Menschen noch
    vollende.

d. 24. Mai 1758.

Mit Untertänigkeit
Scardanelli.

Der Sommer

Die Tage gehn vorbei mit sanfter Lüfte Rauschen,
wenn mit der Wolke sie der Felder Pracht
  vertauschen,
des Tales Ende trifft der Berge Dämmerungen,
dort, wo des Stromes Wellen sich hinab-
  geschlungen.

Der Wälder Schatten sieht umhergebreitet,
wo auch der Bach entfernt hinuntergleitet,
und sichtbar ist der Ferne Bild in Stunden,
wenn sich der Mensch zu diesem Sinn gefunden.

d. 24. Mai 1758.

Scardanelli.

Der Herbst

Die Sagen, die der Erde sich entfernen,
vom Geiste, der gewesen ist und wiederkehret,
sie kehren zu der Menschheit sich, und vieles
   lernen
wir aus der Zeit, die eilends sich verzehret.

Die Bilder der Vergangenheit sind nicht verlassen
von der Natur, als wie die Tag' verblassen
im hohen Sommer, kehrt der Herbst zur Erde
   nieder,
der Geist der Schauer findet sich am Himmel
   wieder.

In kurzer Zeit hat vieles sich geendet,
der Landmann, der am Pfluge sich gezeiget,
er siehet, wie das Jahr sich frohem Ende neiget,
in solchen Bildern ist des Menschen Tag
   vollendet.

Der Erde Rund mit Felsen ausgezieret
ist wie die Wolke nicht, die abends sich verlieret,
es zeiget sich mit einem goldnen Tage,
und die Vollkommenheit ist ohne Klage.

Der Herbst

Das Glänzen der Natur ist höheres Erscheinen,
wo sich der Tag mit vielen Freuden endet,
es ist das Jahr, das sich mit Pracht vollendet,
wo Früchte sich mit frohem Glanz vereinen.

Das Erdenrund ist so geschmückt,
    und selten lärmet
der Schall durchs offne Feld, die Sonne wärmet
den Tag des Herbstes mild, die Felder stehen
als eine Aussicht weit, die Lüfte wehen

die Zweig' und Äste durch mit frohem Rauschen,
wenn schon mit Leere sich die Felder dann
    vertauschen,
der ganze Sinn des hellen Bildes lebet
als wie ein Bild, das goldne Pracht umschwebet.

d. 15. Nov. 1759.

Der Winter

Wenn bleicher Schnee verschönert die Gefilde,
und hoher Glanz auf weiter Ebne blinkt,
so reizt der Sommer fern, und milde
naht sich der Frühling oft, indes die Stunde sinkt.

Die prächtige Erscheinung ist, die Luft ist feiner,
der Wald ist hell, es geht der Menschen keiner
auf Straßen, die zu sehr entlegen sind, die Stille
    machet
Erhabenheit, wie dennoch alles lachet.

Der Frühling scheint nicht mit der Blüten
    Schimmer
dem Menschen so gefallend, aber Sterne
sind an dem Himmel hell, man siehet gerne
den Himmel fern, der ändert fast sich nimmer.

Die Ströme sind, wie Ebnen, die Gebilde
sind, auch zerstreut, erscheinender, die Milde
des Lebens dauert fort, der Städte Breite
erscheint besonders gut auf ungemessner Weite.

Winter

Wenn sich das Laub auf Ebnen weit verloren,
so fällt das Weiß herunter auf die Tale,
doch glänzend ist der Tag vom hohen
    Sonnenstrahle,
es glänzt das Fest den Städten aus den Toren.

Es ist die Ruhe der Natur, des Feldes Schweigen
ist wie des Menschen Geistigkeit,
    und höher zeigen
die Unterschiede sich, dass sich zu hohem Bilde
sich zeiget die Natur, statt mit des Frühlings
    Milde.

d. 25. Dezember 1841.

Dero
untertänigster
Scardanelli.

Der Winter

Das Feld ist kahl, auf ferner Höhe glänzet
der blaue Himmel nur, und wie die Pfade gehen,
erscheinet die Natur, als Einerlei, das Wehen
ist frisch, und die Natur von Helle nur
   umkränzet.

Der Erde Stund ist sichtbar von dem Himmel
den ganzen Tag, in heller Nacht umgeben,
wenn hoch erscheint von Sternen das
   Gewimmel,
und geistiger das weit gedehnte Leben.

Der Winter

Wenn sich der Tag des Jahrs hinabgeneiget
und rings das Feld mit den Gebirgen schweiget,
so glänzt das Blau des Himmels an den Tagen,
die wie Gestirn in heitrer Höhe ragen.

Der Wechsel und die Pracht ist minder
    umgebreitet,
dort, wo ein Strom hinab mit Eile gleitet,
der Ruhe Geist ist aber in den Stunden
der prächtigen Natur mit Tiefigkeit verbunden.

d. 24. Januar 1743.

Mit Untertänigkeit
Scardanelli.

Der Winter

Wenn sich das Jahr geändert, und der Schimmer
der prächtigen Natur vorüber, blühet nimmer
der Glanz der Jahreszeit, und schneller eilen
die Tage dann vorbei, die langsam auch
   verweilen.

der Geist des Lebens ist verschieden in den
   Zeiten
der lebenden Natur, verschiedne Tage breiten
das Glänzen aus, und immerneues Wesen
drscheint den Menschen recht, vorzüglich und
   erlesen.

d. 24. Januar 1676.

Mit Untertänigkeit
Scardanelli.

28

Der Winter

Wenn ungesehn und nun vorüber sind die Bilder
der Jahreszeit, so kommt des Winters Dauer,
das Feld ist leer, die Ansicht scheinet milder,
und Stürme wehn umher und Regenschauer.

Als wie ein Ruhetag, so ist des Jahres Ende,
wie einer Frage Ton, dass dieser sich vollende,
alsdann erscheint des Frühlings neues Werden,
so glänzet die Natur mit ihrer Pracht auf Erden.

d. 24. April 1849.

Mit Untertänigkeit
Scardanelli.

Es ist nichts so klein
und wenig,
woran man sich nicht
begeistern könnte.

Des Morgens

Vom Taue glänzt der Rasen; beweglicher
eilt schon die wache Quelle; die Buche neigt
ihr schwankes Haupt und im Geblätter
rauscht es und schimmert; und um die grauen

Gewölke streifen rötliche Flammen dort,
verkündende, sie wallen geräuschlos auf;
wie Fluten am Gestade, wogen
höher und höher die Wandelbaren.

Komm nun, o komm,
   und eile mir nicht zu schnell,
du goldner Tag, zum Gipfel des Himmels fort!
Denn offner fliegt, vertrauter dir mein
Auge, du Freudiger! zu, solang du

in deiner Schöne jugendlich blickst und noch
zu herrlich nicht, zu stolz mir geworden bist;
du möchtest immer eilen, könnt ich,
göttlicher Wandrer, mit dir! – doch lächelst

des frohen Übermütigen du, dass er
dir gleichen möchte; segne mir lieber dann
mein sterblich Tun und heitre wieder,
Gütiger! heute den stillen Pfad mir.

An die Ruhe

Vom Gruß des Hahns, vom Sichelgetön erweckt,
gelobt ich dir, Beglückerin! Lobgesang,
und siehe da, am heitern Mittag
schläget sie mir, der Begeistrung Stunde.

Erquicklich, wie die heimische Ruhebank
im fernen Schlachtgetümmel dem Krieger
   deucht,
wenn die zerfleischten Arme sinken,
und der geschmetterte Stahl im Blut liegt –

so bist du, Ruhe! freundliche Trösterin!
Du schenkest Riesenkraft dem Verachteten;
er höhnet Dominiksgesichtern,
höhnet der zischenden Natterzunge.

Im Veilchental, vom dämmernden Hain
   umbraust,
entschlummert er, von süßen Begeistrungen
der Zukunft trunken, von der Unschuld
spielen im flatternden Flügelkleide.

Da weiht der Ruhe Zauber den Schlummernden,
mit Mut zu schwingen im Labyrinth sein Licht,
die Fahne rasch voranzutragen,
wo sich der Dünkel entgegenstemmet.

Auf springt er, wandelt ernster den Bach hinab
nach seiner Hütte. Siehe! das Götterwerk,
es keimet in der großen Seele.
Wieder ein Lenz, – und es ist vollendet.

An jener Stätte bauet der Herrliche
dir, gottgesandte Ruhe! den Dankaltar.
Dort harrt er, wonnelächlend, wie die
scheidende Sonne, des längern Schlummers.

Denn sieh, es wallt der Enkel zu seinem Grab,
voll hohen Schauers, wie zu des Weisen Grab,
des Herrlichen, der, von der Pappel
Säuseln umweht, auf der Insel schlummert.

Die Stille

Die du schon mein Knabenherz entzücktest,
welcher schon die Knabenträne floss,
die du früh dem Lärm der Toren mich
  entrücktest,
besser mich zu bilden, nahmst in Mutterschoß,

dein, du Sanfte! Freundin aller Lieben!
Dein, du Immertreue, sei mein Lied!
Treu bist du in Sturm und Sonnenschein
  geblieben,
bleibst mir treu, wenn einst mich alles, alles
  flieht.

Jene Ruhe – jene Himmelswonne –,
O ich wusste nicht, wie mir geschah,
wann so oft in stiller Pracht die Abendsonne
durch den dunklen Wald zu mir heruntersah –

du, o du nur hattest ausgegossen
jene Ruhe in des Knaben Sinn,
jene Himmelswonne ist aus dir geflossen,
hehre Stille! holde Freudengeberin!

Dein war sie, die Träne, die im Haine
auf den abgepflückten Erdbeerstrauß
mir entfiel – mit dir ging ich im Mondenscheine
dann zurück ins liebe elterliche Haus.

Fernher sah ich schon die Kerzen flimmern,
schon war's Suppenzeit – ich eilte nicht!
Spähte stillen Lächelns
    nach des Kirchhofs Wimmern,
nach dem dreigefüßten Ross am Hochgericht.

War ich endlich staubig angekommen,
teilt ich erst den welken Erdbeerstrauß,
rühmend, wie mit saurer Müh
    ich ihn bekommen,
unter meine dankende Geschwister aus,

nahm dann eilig, was vom Abendessen
an Kartoffeln mir noch übrig war,
schlich mich in der Stille,
    wann ich satt gegessen,
weg von meinem lustigen Geschwisterpaar.

O! in meines kleinen Stübchens Stille
war mir dann so über alles wohl,
wie im Tempel, war mir's in der Nächte Hülle,
wann so einsam von dem Turm die Glocke
    scholl.

Alles schwieg, und schlief, ich wacht alleine;
endlich wiegte mich die Stille ein,
und von meinem dunklen Erdbeerhaine
träumt ich, und vom Gang im stillen
    Mondenschein.

Als ich weggerissen von den Meinen
aus dem lieben elterlichen Haus
unter Fremde irrte, wo ich nimmer weinen
durfte, in das bunte Weltgewirr hinaus,

o wie pflegtest du den armen Jungen,
Teure, so mit Mutterzärtlichkeit,
wann er sich im Weltgewirre müdgerungen,
in der lieben, wehmutsvollen Einsamkeit.

Als mir nach dem wärmern, vollern Herzen
feuriger itzt stürzte Jünglingsblut,
o! wie schweigtest du oft ungestüme Schmerzen,
stärktest du den Schwachen oft mit neuem Mut.

Jetzt belausch ich oft in deiner Hütte
meinen Schlachtenstürmer Ossian,
schwebe oft in schimmernder Seraphen Mitte
mit dem Sänger Gottes, Klopstock, himmelan.

Gott! und wann durch stille Schattenhecken
mir mein Mädchen in die Arme fliegt
und die Hasel, ihre Liebenden zu decken,
sorglich ihre grüne Zweige um uns schmiegt –

wann im ganzen segensvollen Tale
alles dann so stille, stille ist,
und die Freudenträne, hell im Abendstrahle,
schweigend mir mein Mädchen von der Wange
   wischt –

oder wann in friedlichen Gefilden
mir mein Herzensfreund zur Seite geht,
und mich ganz dem edlen Jüngling
   nachzubilden,
einzig vor der Seele der Gedanke steht –

und wir bei den kleinen Kümmernissen
uns so sorglich in die Augen sehn,
wann so sparsam öfters, und so abgerissen
uns die Worte von der ernsten Lippe gehn.

Schön, o schön sind sie! die stille Freuden,
die der Toren wilder Lärm nicht kennt,
schöner noch die stille gottergebne Leiden,
wann die fromme Träne von dem Auge rinnt.

Drum, wenn Stürme einst den Mann umgeben,
nimmer ihn der Jugendsinn belebt,
schwarze Unglückswolken drohend ihn
    umschweben,
ihm die Sorge Furchen in die Stirne gräbt,

o so reiße ihn aus dem Getümmel,
hülle ihn in deine Schatten ein,
o! in deinen Schatten, Teure! wohnt der Himmel,
ruhig wird's bei ihnen unter Stürmen sein.

Und wann einst nach tausend trüben Stunden
sich mein graues Haupt zur Erde neigt
und das Herz sich mattgekämpft an tausend
    Wunden
und des Lebens Last den schwachen Nacken
    beugt:

O so leite mich mit deinem Stabe –
harren will ich auf ihn hingebeugt,
bis in dem willkommnen, ruhevollen Grabe
aller Sturm, und aller Lärm der Toren schweigt.

Sonnenuntergang

Wo bist du? Trunken dämmert die Seele mir
von aller deiner Wonne; denn eben ist's,
dass ich gelauscht, wie, goldner Töne
voll, der entzückende Sonnenjüngling

sein Abendlied auf himmlischer Leier spielt';
es tönten rings die Wälder und Hügel nach.
Doch fern ist er zu frommen Völkern,
die ihn noch ehren, hinweggegangen.

Die Kürze

„Warum bist du so kurz? Liebst du,
wie vormals, denn
nun nicht mehr den Gesang?
Fandst du, als Jüngling, doch,
in den Tagen der Hoffnung,
wenn du sangest, das Ende nie!"

Wie mein Glück, ist mein Lied. –
Willst du im Abendrot
froh dich baden? Hinweg ist's!
Und die Erd ist kalt,
und der Vogel der Nacht schwirrt
unbequem vor das Auge dir.

Wie der Sternenhimmel
bin ich, still und bewegt.

Die Heimat

Froh kehrt der Schiffer heim an den stillen Strom
von fernen Inseln, wo er geerntet hat;
wohl möcht auch ich zur Heimat wieder;
aber was hab ich, wie Leid, geerntet? –

Ihr holden Ufer, die ihr mich auferzogt,
stillt ihr der Liebe Leiden? Ach! gebt ihr mir,
ihr Wälder meiner Kindheit, wann ich
komme, die Ruhe noch einmal wieder?

Am kühlen Bache, wo ich der Wellen Spiel,
am Strome, wo ich gleiten die Schiffe sah,
dort bin ich bald; euch traute Berge,
die mich behüteten einst, der Heimat

verehrte sichre Grenzen, der Mutter Haus
und liebender Geschwister Umarmungen
begrüß' ich bald und ihr umschließt mich,
dass, wie in Banden, das Herz mir heile,

ihr treugebliebnen! aber ich weiß, ich weiß,
der Liebe Leid, dies heilet so bald mir nicht,
dies singt kein Wiegensang, den tröstend
Sterbliche singen, mir aus dem Busen.

Denn sie, die uns das himmlische Feuer leihn,
die Götter schenken heiliges Leid uns auch,
drum bleibe dies. Ein Sohn der Erde
schein' ich; zu lieben gemacht, zu leiden.

Rückkehr in die Heimat

Ihr milden Lüfte! Boten Italiens!
Und du mit deinen Pappeln, geliebter Strom!
Ihr wogenden Gebirg! O all ihr
sonnigen Gipfel, so seid ihr's wieder?

Du stiller Ort! In Träumen erschienst du fern
nach hoffnungslosem Tage dem Sehnenden,
und du, mein Haus, und ihr Gespielen,
Bäume des Hügels, ihr wohlbekannten!

Wie lang ist's, o wie lange! Des Kindes Ruh
ist hin, und hin ist Jugend und Lieb und Lust;
doch du, mein Vaterland! du heilig
duldendes! siehe, du bist geblieben.

Und darum, dass sie dulden mit dir, mit dir
sich freun, erziehst du, teures! die Deinen auch
und mahnst in Träumen, wenn sie ferne
schweifen und irren, die Ungetreuen.

Und wenn im heißen Busen dem Jünglinge
die eigenmächtgen Wünsche besänftiget
und stille vor dem Schicksal sind, dann
gibt der Geläuterte dir sich lieber.

Lebt wohl dann, Jugendtage, du Rosenpfad
der Lieb, und all ihr Pfade des Wanderers,
lebt wohl! und nimm und segne du mein
Leben, o Himmel der Heimat, wieder!

Der Neckar

In deinen Tälern wachte mein Herz mir auf
zum Leben, deine Wellen umspielten mich,
und all der holden Hügel, die dich,
Wanderer! kennen, ist keiner fremd mir.

Auf ihren Gipfeln löste des Himmels Luft
mir oft der Knechtschaft Schmerzen;
und aus dem Tal,
wie Leben aus dem Freudebecher,
glänzte die bläuliche Silberwelle.

Der Berge Quellen eilten hinab zu dir,
mit ihnen auch mein Herz,
und du nahmst uns mit,
zum stillerhabnen Rhein, zu seinen
Städten hinunter und lustgen Inseln.

Noch dünkt die Welt mir schön,
und das Aug entflieht,
verlangend nach den Reizen der Erde mir,
zum goldenen Paktol, zu Smyrnas
Ufer, zu Ilions Wald. Auch möcht ich

bei Sunium oft landen, den stummen Pfad
nach deinen Säulen fragen, Olympion!
Noch eh der Sturmwind und das Alter
hin in den Schutt der Athenertempel

und ihrer Gottesbilder auch dich begräbt,
denn lang schon einsam stehst du,
o Stolz der Welt,
die nicht mehr ist. Und o ihr schönen
Inseln Ioniens! wo die Meerluft

die heißen Ufer kühlt und den Lorbeerwald
durchsäuselt, wenn die Sonne
den Weinstock wärmt,
ach! wo ein goldner Herbst dem armen
Volk in Gesänge die Seufzer wandelt,

wenn sein Granatbaum reift,
wenn aus grüner Nacht
die Pomeranze blinkt, und der Mastixbaum
von Harze träuft und Pauk' und Zimbel
zum labyrinthischen Tanze klingen.

Zu euch, ihr Inseln!
bringt mich vielleicht, zu euch
mein Schutzgott einst;
doch weicht mir aus treuem Sinn
auch da mein Neckar nicht mit seinen
lieblichen Wiesen und Uferweiden.

Der Main

Wohl manches Land der lebenden Erde möcht
ich sehn, und öfters über die Berg enteilt
das Herz mir, und die Wünsche wandern
über das Meer, zu den Ufern, die mir

vor andern, so ich kenne, gepriesen sind;
doch lieb ist in der Ferne nicht Eines mir,
wie jenes, wo die Göttersöhne
schlafen, das trauernde Land der Griechen.

Ach! einmal dort an Suniums Küste möcht
ich landen, deine Säulen, Olympion!
erfragen, dort, noch eh der Nordsturm
hin in den Schutt der Athenertempel

und ihrer Götterbilder auch dich begräbt;
denn lang schon einsam stehst du, o Stolz der
    Welt,
die nicht mehr ist! – und o ihr schönen
Inseln Ioniens, wo die Lüfte

vom Meere kühl an warme Gestade wehn,
wenn unter kräftger Sonne die Traube reift,
ach! wo ein goldner Herbst dem armen
Volk in Gesänge die Seufzer wandelt,

wenn die Betrübten itzt ihr Limonenwald
und ihr Granatbaum, purpurner Äpfel voll,
und süßer Wein und Pauk' und Zither
zum labyrinthischen Tanze ladet –

zu euch vielleicht, ihr Inseln! gerät noch einst
ein heimatloser Sänger; denn wandern muss
von Fremden er zu Fremden, und die
Erde, die freie, sie muss ja, leider!

Statt Vaterlands ihm dienen, solang er lebt,
und wenn er stirbt – doch nimmer vergess ich
  dich,
so fern ich wandre, schöner Main! und
deine Gestade, die vielbeglückten.

Gastfreundlich nahmst du, Stolzer!
    bei dir mich auf
und heitertest das Auge dem Fremdlinge,
und still hingleitende Gesänge
lehrtest du mich und geräuschlos Leben.

O ruhig mit den Sternen, du Glücklicher!
wallst du von deinem Morgen zum Abend fort,
dem Bruder zu, dem Rhein, und dann mit
ihm in den Ozean freudig nieder!

Der Rhein

An Isaak von Sinclair

Im dunklen Efeu saß ich, an der Pforte
des Waldes, eben, da der goldene Mittag,
den Quell besuchend, herunterkam
von Treppen des Alpengebirgs,
das mir die göttlichgebaute,
die Burg der Himmlischen heißt
nach alter Meinung, wo aber
geheim noch manches entschieden
zu Menschen gelanget; von da
vernahm ich ohne Vermuten
ein Schicksal, denn noch kaum
war mir im warmen Schatten
sich manches beredend, die Seele
Italia zu geschweift
und fernhin an die Küsten Moreas.

Jetzt aber drin im Gebirg,
tief unter den silbernen Gipfeln
und unter fröhlichem Grün,
wo die Wälder schauernd zu ihm
und der Felsen Häupter übereinander
hinabschaun, taglang, dort
im kältesten Abgrund hört'
ich um Erlösung jammern
den Jüngling, es hörten ihn, wie er tobt',
und die Mutter Erd' anklagt',
und den Donnerer, der ihn gezeuget,
erbarmend die Eltern, doch
die Sterblichen flohn von dem Ort,
denn furchtbar war, da lichtlos er
in den Fesseln sich wälzte,
das Rasen des Halbgotts.

Die Stimme war's des edelsten der Ströme,
des freigeborenen Rheins,
und anderes hoffte der,
als droben von den Brüdern,
dem Tessin und dem Rhodanus,
er schied und wandern wollt',
und ungeduldig ihn
nach Asia trieb die königliche Seele.
Doch unverständig ist
das Wünschen vor dem Schicksal.
Die Blindesten aber
sind Göttersöhne. Denn es kennet der Mensch
sein Haus und dem Tier ward, wo
es bauen solle, doch jenen ist
der Fehl, dass sie nicht wissen wohin?,
in die unerfahrne Seele gegeben.

Ein Rätsel ist Reinentsprungenes. Auch
der Gesang kaum darf es enthüllen. Denn
wie du anfingst, wirst du bleiben,
so viel auch wirket die Not,
und die Zucht, das meiste nämlich
vermag die Geburt,
und der Lichtstrahl, der
dem Neugebornen begegnet.
Wo aber ist einer,
um frei zu bleiben
sein Leben lang, und des Herzens Wunsch
allein zu erfüllen, so
aus günstigen Höhn, wie der Rhein,
und so aus heiligem Schoße
glücklich geboren, wie jener?

Drum ist ein Jauchzen sein Wort.
Nicht liebt er, wie andere Kinder,
in Wickelbanden zu weinen;
denn wo die Ufer zuerst
an die Seit ihm schleichen, die krummen,
und durstig umwindend ihn,
den Unbedachten, zu ziehn
und wohl zu behüten begehren
im eigenen Zahne, lachend
zerreißt er die Schlangen und stürzt
mit der Beut' und wenn in der Eil'
ein Größerer ihn nicht zähmt,
ihn wachsen lässt, wie der Blitz, muss er
die Erde spalten, und wie Bezauberte fliehn
die Wälder ihm nach und zusammensinkend
    die Berge.

Ein Gott will aber sparen den Söhnen
das eilende Leben und lächelt,
wenn unenthaltsam, aber gehemmt
von heiligen Alpen, ihm
in der Tiefe, wie jener, zürnen die Ströme.
In solcher Esse wird dann
auch alles Lautre geschmiedet,
und schön ist's, wie er drauf,
nachdem er die Berge verlassen,
stillwandelnd sich im deutschen Lande
begnüget und das Sehnen stillt
im guten Geschäfte, wenn er das Land baut,
der Vater Rhein, und liebe Kinder nährt
in Städten, die er gegründet.

Doch nimmer, nimmer vergisst er's.
Denn eher muss die Wohnung vergehn,
und die Satzung und zum Unbild werden
der Tag der Menschen, ehe vergessen
ein solcher dürfte den Ursprung
und die reine Stimme der Jugend.
Wer war es, der zuerst
die Liebesbande verderbt
und Stricke von ihnen gemacht hat?
Dann haben des eigenen Rechts
und gewiss des himmlischen Feuers
gespottet die Trotzigen, dann erst
die sterblichen Pfade verachtend
verwegnes erwählt
und den Göttern gleich zu werden getrachtet.

Es haben aber an eigner
Unsterblichkeit die Götter genug, und bedürfen
die Himmlischen eines Dings,
so sind's Heroen und Menschen
und Sterbliche sonst. Denn weil
die Seligsten nichts fühlen von selbst,
muss wohl, wenn solches zu sagen
erlaubt ist, in der Götter Namen
teilnehmend fühlen ein andrer,
den brauchen sie; jedoch ihr Gericht
ist, dass sein eigenes Haus
zerbreche der und das Liebste
wie den Feind schelt' und sich Vater und Kind
begrabe unter den Trümmern,
wenn einer, wie sie, sein will und nicht
Ungleiches dulden, der Schwärmer.

Drum wohl ihm, welcher fand
ein wohlbeschiedenes Schicksal,
wo noch der Wanderungen
und süß der Leiden Erinnerung
aufrauscht am sichern Gestade,
dass da und dorthin gern
er sehn mag bis an die Grenzen,
die bei der Geburt ihm Gott
zum Aufenthalte gezeichnet.
Dann ruht er, seligbescheiden,
denn alles, was er gewollt,
das Himmlische, von selber umfängt
es unbezwungen, lächelnd
jetzt, da er ruhet, den Kühnen.

Halbgötter denk' ich jetzt
und kennen muss ich die Teuern,
weil oft ihr Leben so
die sehnende Brust mir beweget.
Wem aber, wie, Rousseau, dir,
unüberwindlich die Seele
die starkausdauernde ward
und sicherer Sinn
und süße Gabe zu hören,
zu reden so, dass er aus heiliger Fülle
wie der Weingott, törig göttlich
und gesetzlos sie die Sprache der Reinesten gibt
verständlich den Guten, aber mit Recht
die Achtungslosen mit Blindheit schlägt
die entweihenden Knechte,
wie nenn ich den Fremden?

Die Söhne der Erde sind, wie die Mutter,
allliebend, so empfangen sie auch
mühlos, die Glücklichen, alles.
Drum überraschet es auch
und schröckt den sterblichen Mann,
wenn er den Himmel, den
er mit den liebenden Armen
sich auf die Schultern gehäuft
und die Last der Freude bedenket;
dann scheint ihm oft das Beste
fast ganz vergessen da,
wo der Strahl nicht brennt,
im Schatten des Walds
am Bielersee in frischer Grüne zu sein,
und sorglosarm an Tönen
Anfängern gleich, bei Nachtigallen zu lernen.

Und herrlich ist's, aus heiligem Schlafe dann
erstehen und aus Waldes Kühle
erwachend, abends nun
dem milderen Licht entgegenzugehn,
wenn, der die Berge gebaut
und den Pfad der Ströme gezeichnet,
nachdem er lächelnd auch
der Menschen geschäftiges Leben
das othemarme, wie Segel
mit seinen Lüften gelenkt hat,
auch ruht und zu der Schülerin jetzt
versöhnend zu der Braut
der Bildner, Gutes mehr
denn Böses findend
zur heutigen Erde der Tag sich neiget. –

Heidelberg

Lange lieb' ich dich schon, möchte dich,
mir zur Lust,
Mutter nennen und dir schenken
ein kunstlos Lied,
du, der Vaterlandsstädte
ländlichschönste, so viel ich sah.

Wie der Vogel des Waldes über die Gipfel fliegt,
schwingt sich über den Strom,
wo er vorbei dir glänzt,
leicht und kräftig die Brücke,
die von Wagen und Menschen tönt.

Wie von Göttern gesandt, fesselt' ein Zauber
    einst
auf die Brücke mich an, da ich vorüberging
und herein in die Berge
mir die reizende Ferne schien

und der Jüngling, der Strom, fort in die Ebne zog,
traurigfroh, wie das Herz, wenn es, sich selbst zu
    schön,
liebend unterzugehen,
in die Fluten der Zeit sich wirft.

Quellen hattest du ihm, hattest dem Flüchtigen
kühle Schatten geschenkt, und die Gestade sahn
all' ihm nach, und es bebte
aus den Wellen ihr lieblich Bild.

Aber schwer in das Tal hing die gigantische,
schicksalskundige Burg nieder bis auf den
    Grund,
von den Wettern zerrissen;
doch die ewige Sonne goss

ihr verjüngendes Licht über das alternde
Riesenbild, und umher grünte lebendiger
Efeu; freundliche Wälder
rauschten über die Burg herab.

Sträuche blühten herab, bis wo im heitern Tal,
an den Hügel gelehnt oder dem Ufer hold,
deine fröhlichen Gassen
unter duftenden Gärten ruhn.

Wenn aus dem Himmel

Wenn aus dem Himmel hellere Wonne sich
herabgießt, eine Freude den Menschen kommt,
dass sie sich wundern über manches
Sichtbares, Höheres, Angenehmes:

Wie tönet lieblich heilger Gesang dazu!
Wie lacht das Herz in Liedern die Wahrheit an,
dass Freudigkeit an einem Bildnis –
über dem Stege beginnen Schafe

den Zug, der fast in dämmernde Wälder geht.
Die Wiesen aber, welche mit lautrem Grün
bedeckt sind, sind wie jene Heide,
welche gewöhnlicher Weise nah ist

dem dunkeln Walde. Da, auf den Wiesen auch
verweilen diese Schafe. Die Gipfel, die
umher sind, nackte Höhen sind mit
Eichen bedecket und seltnen Tannen.

Da, wo des Stromes regsame Wellen sind,
dass einer, der vorüber des Weges kommt,
froh hinschaut, da erhebt der Berge
sanfte Gestalt und der Weinberg hoch sich.

Zwar gehn die Treppen unter den Reben hoch
herunter, wo der Obstbaum blühend darüber
    steht
und Duft an wilden Hecken weilet,
wo die verborgenen Veilchen sprossen;

Gewässer aber rieseln herab, und sanft
ist hörbar dort ein Rauschen den ganzen Tag;
die Orte aber in der Gegend
ruhen und schweigen den Nachmittag durch.

Griechenland

Wie Menschen sind, so ist das Leben prächtig,
die Menschen sind der Natur öfters mächtig,
das prächt'ge Land ist Menschen nicht
    verborgen,
mit Reiz erscheint der Abend und der Morgen.
Die offnen Felder sind als in der Ernte Tage,
mit Geistigkeit ist weit umher die alte Sage,
und neues Leben kommt aus Menschheit wieder,
so sinkt das Jahr mit einer Stille nieder.

d. 24. Mai 1748.

Mit Untertänigkeit
Scardanelli.

Und das heilige Grün,
der Zeuge des seligen,
tiefen Lebens der Welt

An die Natur

Da ich noch um deinen Schleier spielte,
noch an dir, wie eine Blüte, hing,
noch dein Herz in jedem Laute fühlte,
der mein zärtlichbebend Herz umfing,
da ich noch mit Glauben und mit Sehnen
reich, wie du, vor deinem Bilde stand,
eine Stelle noch für meine Tränen,
eine Welt für meine Liebe fand,

da zur Sonne noch mein Herz sich wandte,
als vernähme seine Töne sie,
und die Sterne seine Brüder nannte
und den Frühling Gottes Melodie,
da im Hauche, der den Hain bewegte,
noch dein Geist, dein Geist der Freude sich
in des Herzens stiller Welle regte,
da umfingen goldne Tage mich.

Wenn im Tale, wo der Quell mich kühlte,
wo der jugendlichen Sträuche Grün
um die stillen Felsenwände spielte
und der Äther durch die Zweige schien,
wenn ich da, von Blüten übergossen,
still und trunken ihren Othem trank
und zu mir, von Licht und Glanz umflossen,
aus den Höhn die goldne Wolke sank –

wenn ich fern auf nackter Heide wallte,
wo aus dämmernder Geklüfte Schoß
der Titanensang der Ströme schallte
und die Nacht der Wolken mich umschloss,
wenn der Sturm mit seinen Wetterwogen
mir vorüber durch die Berge fuhr
und des Himmels Flammen mich umflogen,
da erschienst du, Seele der Natur!

Oft verlor ich da mit trunknen Tränen
liebend, wie nach langer Irre sich
in den Ozean die Ströme sehnen,
schöne Welt! in deiner Fülle mich;
ach! da stürzt ich mit den Wesen allen
freudig aus der Einsamkeit der Zeit,
wie ein Pilger in des Vaters Hallen,
in die Arme der Unendlichkeit. –

Seid gesegnet, goldne Kinderträume,
ihr verbargt des Lebens Armut mir,
ihr erzogt des Herzens gute Keime,
was ich nie erringe, schenktet ihr!
O Natur! an deiner Schönheit Lichte,
ohne Müh und Zwang entfalteten
sich der Liebe königliche Früchte,
wie die Ernten in Arkadien.

Tot ist nun, die mich erzog und stillte,
tot ist nun die jugendliche Welt,
diese Brust, die einst ein Himmel füllte,
tot und dürftig, wie ein Stoppelfeld;
ach! es singt der Frühling meinen Sorgen
noch, wie einst, ein freundlich tröstend Lied,
aber hin ist meines Lebens Morgen,
meines Herzens Frühling ist verblüht.

Ewig muss die liebste Liebe darben,
was wir lieben, ist ein Schatten nur,
da der Jugend goldne Träume starben,
starb für mich die freundliche Natur;
das erfuhrst du nicht in frohen Tagen,
dass so ferne dir die Heimat liegt,
armes Herz, du wirst sie nie erfragen,
wenn dir nicht ein Traum von ihr genügt.

Aussicht

Der offne Tag ist Menschen hell mit Bildern,
wenn sich das Grün aus ebner Ferne zeiget,
noch eh des Abends Licht
   zur Dämmerung sich neiget,
und Schimmer sanft den Klang
   des Tages mildern.
Oft scheint die Innerheit der Welt umwölkt,
   verschlossen,
des Menschen Sinn von Zweifeln voll,
   verdrossen,
die prächtige Natur erheitert seine Tage
und ferne steht des Zweifels dunkle Frage.

d. 24. März 1671.

Mit Untertänigkeit
Scardanelli.

Die Aussicht

Wenn in die Ferne geht
   der Menschen wohnend Leben,
wo in die Ferne sich erglänzt die Zeit der Reben,
ist auch dabei des Sommers leer Gefilde,
der Wald erscheint mit seinem dunklen Bilde.

Dass die Natur ergänzt das Bild der Zeiten,
dass die verweilt, sie schnell vorübergleiten,
ist aus Vollkommenheit,
   des Himmels Höhe glänzet
den Menschen dann,
   wie Bäume Blüt' umkränzet.

d. 24 Mai 1748.

Mit Untertänigkeit
Scardanelli.

Die Eichbäume

Aus den Gärten komm ich zu euch,
ihr Söhne des Berges!
Aus den Gärten, da lebt die Natur geduldig
und häuslich,
pflegend und wieder gepflegt
mit dem fleißigen Menschen zusammen.
Aber ihr, ihr Herrlichen! steht,
wie ein Volk von Titanen,
in der zahmeren Welt und gehört nur euch
und dem Himmel,
der euch nährt' und erzog, und der Erde,
die euch geboren.
Keiner von euch ist noch in die Schule der Men-
schen gegangen,
und ihr drängt euch fröhlich und frei,
aus der kräftigen Wurzel,
untereinander herauf und ergreift,
wie der Adler die Beute,
mit gewaltigem Arme den Raum,
und gegen die Wolken
ist euch heiter und groß die sonnige Krone
   gerichtet.
Eine Welt ist jeder von euch,
wie die Sterne des Himmels
lebt ihr, jeder ein Gott,

in freiem Bunde zusammen.
Könnt ich die Knechtschaft nur erdulden,
ich neidete nimmer
diesen Wald und schmiegte mich gern
ans gesellige Leben.
Fesselte nur nicht mehr ans gesellige Leben
das Herz mich,
das von Liebe nicht lässt,
wie gern würd' ich unter euch wohnen!

Aussicht

Wenn Menschen fröhlich sind,
　　ist dieses vom Gemüte,
und aus dem Wohlergehn,
　　doch aus dem Felde kommet,
zu schaun der Bäume Wuchs,
　　die angenehme Blüte,
da Frucht der Ernte noch den Menschen
　　wächst und frommet.

Gebirg umgibt das Feld,
　　vom Himmel hoch entstehet
die Dämmerung und Luft,
　　der Ebnen sanfte Wege
sind in den Feldern fern,
　　und über Wasser gehet
der Mensch zu Örtern dort
　　die kühn erhöhten Stege.

Erinnerung ist auch dem Menschen
    in den Worten,
und der Zusammenhang der Menschen
    gilt die Tage
des Lebens durch zum Guten in den Orten,
doch zu sich selber macht der Mensch des
    Wissens Frage.

Die Aussicht scheint Ermunterung,
    der Mensch erfreuet
am Nutzen sich, mit Tagen dann erneuet
sich sein Geschäft, und um das Gute waltet
die Vorsicht gut, zu Dank, der nicht veraltet.

Das fröhliche Leben

Wenn ich auf die Wiese komme,
wenn ich auf dem Felde jetzt,
bin ich noch der Zahme, Fromme,
wie von Dornen unverletzt.
mein Gewand in Winden wehet,
wie der Geist mich lustig fragt,
worin Inneres bestehet,
bis Auflösung diesem tagt.

O vor diesem sanften Bilde,
wo die grünen Bäume stehn,
wie vor einer Schenke Schilde
kann ich kaum vorübergehn.
Denn die Ruh an stillen Tagen
dünkt entschieden trefflich mir,
dieses musst du gar nicht fragen,
wenn ich soll antworten dir.

Aber zu dem schönen Bache
such ich einen Lustweg wohl,
der, als wie in dem Gemache,
schleicht durchs Ufer wild und hohl,
wo der Steg darüber gehet,
geht's den schönen Wald hinauf,
wo der Wind den Steg umwehet,
sieht das Auge fröhlich auf.

Droben auf des Hügels Gipfel
sitz ich manchen Nachmittag,
wenn der Wind umsaust die Wipfel,
bei des Turmes Glockenschlag,
und Betrachtung gibt dem Herzen
Frieden, wie das Bild auch ist,
und Beruhigung den Schmerzen,
welche reimt Verstand und List.

Holde Landschaft! wo die Straße
mitten durch sehr eben geht,
wo der Mond aufsteigt, der blasse,
wenn der Abendwind entsteht,
wo die Natur sehr einfältig,
wo die Berg erhaben stehn,
geh ich heim zuletzt, haushältig,
dort nach goldnem Wein zu sehen.

Der Spaziergang

Ihr Wälder schön an der Seite,
am grünen Abhang gemalt,
wo ich umher mich leite,
durch süße Ruhe bezahlt
für jeden Stachel im Herzen,
wenn dunkel mir ist der Sinn,
den Kunst und Sinnen hat Schmerzen
gekostet von Anbeginn.
Ihr lieblichen Bilder im Tale,
zum Beispiel Gärten und Baum,
und dann der Steg, der schmale,
der Bach zu sehen kaum,
wie schön aus heiterer Ferne
glänzt einem das herrliche Bild
der Landschaft, die ich gerne
besuch' in Witterung mild.
Die Gottheit freundlich geleitet
uns erstlich mit Blau,
hernach mit Wolken bereitet,
gebildet wölbig und grau,
mit sengenden Blitzen und Rollen
des Donners, mit Reiz des Gefilds,
mit Schönheit, die gequollen
vom Quell ursprünglichen Bilds.

Der Winkel von Hardt

Hinunter sinket der Wald,
und, Knospen ähnlich, hängen
einwärts die Blätter, denen
blüht unten auf ein Grund,
nicht gar unmündig.
Da nämlich ist Ulrich
gegangen; oft sinnt, über den Fußtritt,
ein groß Schicksal
bereit, an übrigem Orte.

An eine Rose

Ewig trägt im Mutterschoße,
süße Königin der Flur!
dich und mich die stille, große,
allbelebende Natur;
Röschen! unser Schmuck veraltet,
Stürm entblättern dich und mich,
doch der ew'ge Keim entfaltet
bald zu neuer Blüte sich.

Ihre Genesung

Sieh! dein Liebstes, Natur, leidet und schläft,
    und du,
Allesheilende, säumst?
Oder ihr seids nicht mehr,
zarte Lüfte des Äthers,
und ihr Quellen des Morgenlichts?

Alle Blumen der Erd, alle die goldenen
frohen Früchte des Hains, alle sie heilen nicht
dieses Leben, ihre Götter,
das ihr selber doch euch erzogt?

Ach! schon atmet und tönt heilige Lebenslust
ihr im reizenden Wort wider, wie sonst,
    und schon
glänzt in zärtlicher Jugend
deine Blume, wie sonst, dich an,

heilge Natur, o du, welche zu oft, zu oft,
wenn ich trauernd versank,
  lächelnd das zweifelnde
Haupt mit Gaben umkränzte,
jugendliche, nun auch, wie sonst!

Wenn ich altre dereinst, siehe, so geb ich dir,
die mich täglich verjüngt, Allesverwandelnde,
deiner Flamme die Schlacken,
und ein anderer leb ich auf.

Ermunterung

Zweite Fassung

Echo des Himmels! heiliges Herz! warum,
warum verstummst du unter den Lebenden,
schläfst, freies! von den Götterlosen
ewig hinab in die Nacht verwiesen?

Wacht denn, wie vormals, nimmer des Äthers
   Licht?
Und blüht die alte Mutter, die Erde, nicht?
Und übt der Geist nicht da und dort, nicht
lächelnd die Liebe das Recht noch immer?

Nur du nicht mehr! doch mahnen die
   Himmlischen,
und stillebildend weht, wie ein kahl Gefild,
der Odem der Natur dich an, der
alleserheiternde, seelenvolle.

O Hoffnung! bald, bald singen die Haine nicht
des Lebens Lob allein, denn es ist die Zeit,
dass aus der Menschen Munde sie, die
schönere Seele sich neu verkündet,

dann liebender im Bunde mit Sterblichen
das Element sich bildet, und dann erst reich,
bei frommer Kinder Dank, der Erde
Brust, die unendliche, sich entfaltet

und unsre Tage wieder, wie Blumen, sind,
wo sie, des Himmels Sonne, sich ausgeteilt
im stillen Wechsel sieht und wieder
froh in den frohen das Licht sich findet,

und er, der sprachlos waltet und unbekannt
Zukünftiges bereitet, der Gott, der Geist
im Menschenwort, am schönen Tage
kommenden Jahre, wie einst, sich ausspricht.

An die Nachtigall

Dir flüsterts leise – Nachtigall! dir allein,
dir, süße Tränenweckerin! sagt es nur
die Saite. – Stellas wehmutsvoller
Seufzer – er raubte mein Herz – dein Kehlchen –

es klagte – o! es klagte – wie Stella ist's.
Starr sah ich hin beim Seufzer, wie, als dein Lied
am liebevollsten schlug, am schönsten
aus der melodischen Kehle strömte.

Dann sah ich auf, sah bebend, ob Stellas Blick
mir lächle – ach! ich suche dich, Nachtigall!
und du verbirgst dich. – Wem, o Stella!
seufztest du? Sangest du mir, du süße?

Doch nein! doch nein! ich will es ja nicht,
   dein Lied,
von Ferne will ich lauschen – o! singe dann!
die Seele schläft – und plötzlich schlägt die
Brust mir empor zum erhabnen Lorbeer.

O Stella! sag es! sag es! – ich bebe nicht! –
es tötete die Wonne, geliebt zu sein,
den Schwärmer. – Aber tränend will ich
deinen beglückten Geliebten segnen.

Die Zufriedenheit

Wenn aus dem Leben
   kann ein Mensch sich finden,
und das begreifen, wie das Leben sich empfindet,
so ist es gut; wer aus Gefahr sich windet,
ist wie ein Mensch, der kommt aus Sturm und
   Winden.

Doch besser ist's, die Schönheit auch zu kennen,
Einrichtung, die Erhabenheit des ganzen Lebens,
wenn Freude kommt aus Mühe des Bestrebens,
und wie die Güter all' in dieser Zeit sich nennen.

Der Baum, der grünt, die Gipfel von Gezweigen,
die Blumen, die des Stammes Rind' umgeben,
sind aus der göttlichen Natur, sie sind ein Leben,
weil über dieses sich des Himmels Lüfte neigen.

Wenn aber mich neugier'ge Menschen fragen,
was dieses sei, sich für Empfindung wagen,
was die Bestimmung sei, das Höchste,
   das Gewinnen,
so sag' ich, das ist es, das Leben,
   wie das Sinnen.

Wen die Natur gewöhnlich, ruhig machet,
er mahnet mich, den Menschen froh zu leben,
warum? Die Klarheit ist's,
    vor der auch Weise beben,
die Freudigkeit ist schön,
    wenn alles scherzt und lachet.

Der Männer Ernst, der Sieg und die Gefahren,
sie kommen aus Gebildetheit,
    und aus Gewahren,
es geb' ein Ziel; das Hohe von den Besten
erkennt sich an dem Sein,
    und schönen Überresten.

Sie selber aber sind, wie Auserwählte,
von ihnen ist das Neue, das Erzählte,
die Wirklichkeit der Taten geht nicht unter,
wie Sterne glänzen,
    gibt's ein Leben groß und munter.

Das Leben ist aus Taten und verwegen,
ein hohes Ziel, gehaltener's Bewegen,
der Gang und Schritt, doch Seligkeit aus Tugend
und großer Ernst, und dennoch lautre Jugend.

Die Reu und die Vergangenheit in diesem Leben
sind ein verschiednes Sein, die eine glücket
zu Ruhm und Ruh', und allem, was entrücket,
zu hohen Regionen, die gegeben;

die andre führt zu Qual, und bittern Schmerzen,
wenn Menschen untergehn, die mit dem Leben
    scherzen,
und das Gebild und Antlitz sich verwandelt
von einem, der nicht gut und schön gehandelt.

Die Sichtbarkeit lebendiger Gestalt, das Währen
in dieser Zeit, wie Menschen sich ernähren,
ist fast ein Zwist, der lebet der Empfindung,
der andre strebt nach Mühen und Erfindung.

Höhere Menschheit

Den Menschen ist der Sinn ins Innere gegeben,
dass sie als anerkannt das Bessre wählen,
es gilt als Ziel, es ist das wahre Leben,
von dem sich geistiger des Lebens Jahre zählen.

Scardanelli.

Höheres Leben

Der Mensch erwählt sein Leben,
    sein Beschließen,
von Irrtum frei kennt Weisheit er, Gedanken,
Erinnrungen, die in der Welt versanken,
und nichts kann ihm der innern Wert verdrießen.

Die prächtige Natur verschönet seine Tage,
der Geist in ihm gewährt ihm neues Trachten
in seinem Innern oft, und das,
    die Wahrheit achten,
und höhern Sinn, und manche seltne Frage.

Dann kann der Mensch
    des Lebens Sinn auch kennen,
das Höchste seinem Zweck,
    das Herrlichste benennen,
gemäß der Menschheit
    so des Lebens Welt betrachten,
und hohen Sinn als höhres Leben achten.

Scardanelli.

Freundschaft

Wenn Menschen sich aus innrem Werte kennen,
so können sie sich freudig Freunde nennen,
das Leben ist den Menschen so bekannter,
sie finden es im Geist interessanter.

Der hohe Geist ist nicht der Freundschaft ferne,
die Menschen sind den Harmonien gerne
und der Vertrautheit hold,
    dass sie der Bildung leben,
auch dieses ist der Menschheit so gegeben.

d. 20. Mai 1758.

Mit Untertänigkeit
Scardanelli.

Der Mensch

Wer Gutes ehrt, er macht sich keinen Schaden,
er hält sich hoch,
    er lebt den Menschen nicht vergebens,
er kennt den Wert, den Nutzen solchen Lebens,
er traut dem Bessern sich,
    er geht auf Segenspfaden.

Das Gute

Wenn Inneres sich bewährt,
    ist Gutes zu erkennen,
es ist zu würdigen, von Menschen zu benennen,
ist anwendbar,
    wie sehr die Menschen widerstreben,
es ist zu achten,
    nützt und ist nötig in dem Leben.

Was ist der Menschen Leben

Was ist der Menschen Leben
ein Bild der Gottheit.
Wie unter dem Himmel wandeln
die Irdischen alle, sehen
sie diesen. Lesend aber gleichsam, wie
in einer Schrift, die Unendlichkeit nachahmen
und den Reichtum

Menschen. Ist der einfältige Himmel
denn reich? Wie Blüten sind ja
silberne Wolken. Es regnet aber von daher
der Tau und das Feuchte. Wenn aber
das Blau ist ausgelöschet, das Einfältige, scheint
das Matte, das dem Marmelstein gleichet,
wie Erz,
Anzeige des Reichtums.

Lebenslauf

Größeres wolltest auch du, aber die Liebe zwingt
all uns nieder, das Leid beugt gewaltiger,
doch es kehret umsonst nicht
unser Bogen, woher er kommt.

Aufwärts oder hinab! herrschet in heiliger Nacht,
wo die stumme Natur werdende Tage sinnt,
herrscht im schiefesten Orkus
nicht ein Grades, ein Recht noch auch?

Dies erfuhr ich. Denn nie,
sterblichen Meistern gleich,
habt ihr Himmlischen, ihr Alleserhaltenden,
dass ich wüsste, mit Vorsicht
mich des ebenen Pfads geführt.

Alles prüfe der Mensch, sagen die Himmlischen,
dass er, kräftig genährt, danken für alles lern',
und verstehe die Freiheit,
aufzubrechen, wohin er will.

Guter Rat

Hast du Verstand und ein Herz,
so zeige nur eines von beiden,
beides verdammen sie dir,
zeigest du beides zugleich.

Der Ruhm

Es knüpft an Gott der Wohllaut, der geleitet
ein sehr berühmtes Ohr, denn wunderbar
ist ein berühmtes Leben groß und klar,
es geht der Mensch zu Fuße oder reitet.

Der Erde Freuden, Freundlichkeit und Güter,
der Garten, Baum, der Weinberg mit dem Hüter,
sie scheinen mir ein Wiederglanz des Himmels,
gewähret von dem Geist den Söhnen des
   Gewimmels. –

Wenn einer ist mit Gütern reich beglücket,
wenn Obst den Garten ihm, und Gold
   ausschmücket
die Wohnung und das Haus, was mag er haben
noch mehr in dieser Welt, sein Herz zu laben?

Hälfte des Lebens

Mit gelben Birnen hänget
und voll mit wilden Rosen
das Land in den See,
ihr holden Schwäne,
und trunken von Küssen
tunkt ihr das Haupt
ins heilignüchterne Wasser.

Weh mir, wo nehm' ich, wenn
es Winter ist, die Blumen, und wo
den Sonnenschein,
und Schatten der Erde?
Die Mauern stehn
sprachlos und kalt, im Winde
klirren die Fahnen.

Lebenslauf

Hoch auf strebte mein Geist, aber die Liebe zog
schön ihn nieder; das Leid beugt ihn gewaltiger;
so durchlauf ich des Lebens
Bogen und kehre, woher ich kam.

Ehmals und jetzt

In jüngern Tagen war ich des Morgens froh,
des Abends weint ich; jetzt, da ich älter bin,
beginn ich zweifelnd meinen Tag, doch
heilig und heiter ist mir sein Ende.

Was ist Gott?

Was ist Gott? Unbekannt, dennoch
voll Eigenschaften ist das Angesicht
des Himmels von ihm. Die Blitze nämlich
der Zorn sind eines Gottes. Jemehr ist eins
unsichtbar, schicket es sich in Fremdes.
Aber der Donner
der Ruhm ist Gottes.
Die Liebe zur Unsterblichkeit
das Eigentum auch, wie das unsere,
ist eines Gottes.

An die Hoffnung

O Hoffnung! holde! gütiggeschäftige!
die du das Haus der Trauernden
nicht verschmähst,
und gerne dienend, Edle, zwischen
Sterblichen wartest und Himmelsmächten,

wo bist du? Wenig lebt' ich;
doch atmet kalt mein Abend schon.
Und stille, den Schatten gleich,
bin ich schon hier; und schon gesanglos
schlummert das schaudernde Herz im Busen.

Im grünen Tale, dort, wo der frische Quell
vom Berge täglich rauscht, und die liebliche
Zeitlose mir am Herbsttag aufblüht,
dort, in der Stille, du Holde, will ich

dich suchen, oder wenn in der Mitternacht
das unsichtbare Leben im Haine wallt,
und über mir die immerfrohen
Blumen, die blühenden Sterne glänzen,

o du des Äthers Tochter! erscheine dann
aus deines Vaters Gärten, und darfst du nicht,
ein Geist der Erde, kommen, schröck', o
schröcke mit anderem nur das Herz mir.

Auf die Geburt eines Kindes

Wie wird des Himmels Vater schauen
mit Freude das erwachsne Kind,
gehend auf blumenreichen Auen,
mit andern, welche lieb ihm sind.

Indessen freue dich des Lebens,
aus einer guten Seele kommt
die Schönheit herrlichen Bestrebens,
göttlicher Grund dir mehr noch frommt.

Biografie Johann Christian Friedrich Hölderlin

Porträt von
Friedrich Hölderlin

„Hölderlin traut der Stille viel zu: er hat den Büchern damit einfach eine feste Qualität zugesagt. Und dank der zufallsfreien Genauigkeit seines Sprachgebrauchs wird man Zeuge, wie dieses Wort an sein Ziel gelangt, wie es genau als dasselbe Wort zur Wirkung kommt, die ein Wort haben kann, nämlich zur vermittelnden."
Martin Walser
Aus „Die Zeit" vom 27.03.1970, Heft 13

1770 Am 20. März in Lauffen am Neckar geboren
1774 Umzug der Familie nach Nürtingen am Neckar
1776 In der Lateinschule in Nürtingen beginnt seine Schulzeit
1784 Eintritt in die niedere Klosterschule Denkendorf
1786 Wechsel an die höhere Klosterschule Maulbronn

Gedenkstein in Nürtingen

1788 Reise nach Speyer, Hölderlin sieht zum ersten Mal den Rhein

1790 Abschluss seines philosophischen Studiums mit dem Magisterexamen

1791 Beginn seiner Freundschaft zum Philosophen Georg Wilhelm Friedrich Hegel

1793 Abschlussexamen am Tübinger Stift und theologisches Konsistorialexamen in Stuttgart

1793 Am 28. Dezember Ankunft auf dem Landsitz der Familie von Kalb in Waltershausen, Beginn seiner Privatlehrertätigkeit

Hölderlins Elternhaus in Nürtingen

Friedrich Hölderlin und Susette Gontard, Holzstich um 1870

1794 Intensive Arbeit am Roman *Hyperion*; im
November Reise nach Jena, wo er versucht,
Kontakt zu Friedrich von Schiller und
Johann Gottlieb Fichte zu knüpfen

1796 Antritt der Hofmeisterstelle im Hause
Gontard in Frankfurt am Main;
Beginn seiner Liebesbeziehung zur Frau
des Hauses, Susette Gontard

1797 Intensivierung der Kontakte zu Hegel; im
April erscheint der erste Band des *Hyperion*

1798 Hölderlin verlässt das Haus Gontard und
zieht nach Homburg

1800 Rückkehr in die schwäbische Heimat nach
Stuttgart

1801 Seine Elegien und Hymnen entstehen; Ende
des Jahres Aufbruch zu Fuß nach Bordeaux,

um eine Hofmeisterstelle anzutreten

1802 Im Juni Rückkehr nach Nürnberg, seine Freunde und Verwandten erleben ihn verstört und „wie einen Bettler"

1804 Die Übersetzungen der Trauerspiele des Sophokles erscheinen; Einstellung als Hofbibliothekar in Homburg

1806 Hölderlin wird in die psychiatrische Klinik in Tübingen eingeliefert

1807 Entlassung aus der Klinik als „unheilbar geisteskrank", Einzug in das Turmzimmer des Schreinermeisters Zimmer in Tübingen, der ihn auch in Pflege nimmt

1826 Die Erstausgabe seiner Gedichtsammlung erscheint

1843 Hölderlin stirbt am 7. Juni und wird unter großer Anteilnahme am 10. Juni in Tübingen beerdigt. Sein Grab befindet sich auf dem dortigen Stadtfriedhof.

Hölderlindenkmal im Alten Botanischen Garten Tübingen

Bildverzeichnis

S. 2: © Olivier Le Moal/Fotolia; S. 6/7: © doris oberfrank-list/Fotolia; S. 8/9: © candy1812/Fotolia; S. 11: © jojjik/Fotolia; S. 12/13: © alinamd/Fotolia; S. 14/15: © Romolo Tavani/Fotolia; S. 16/17: © lily/Fotolia; S. 19: © tuiphotoengineer/Fotolia; S. 20/21: © Romolo Tavani/Fotolia; S. 26/27: © Ingo Bartussek/Fotolia; S. 28/29: © Nadezhda Pakhomova/Fotolia; S. 30/31: © Netzer Johannes/Fotolia; S. 33: © K.Decha/Fotolia; S. 35: © Virtexie/Fotolia; S. 37: © Jenny Sturm/Fotolia; S. 42/43: Mohnblumenwiese unterhalb der Schwäbischen Alb © Jürgen Fälchle/Fotolia; S. 44/45: © den-belitsky/Fotolia; S. 47: Altstadt von Tübingen, Neckarufer © globetrotter1/Fotolia; S. 49: © Natika/Fotolia; S. 50/51: Landschaft am Neckar © Smileus/Fotolia; S. 53: Herbst am Neckar bei Tübingen © msl33/Fotolia; S. 54/55: Volkacher Mainschleife © mojolo/Fotolia; S. 57: Altstadt von Miltenberg am Main © stock.adobe.com/borisbelenky; S. 60: Rheinfall bei Schaffhausen © stock.adobe.com/swisshippo; S. 62/63: Altstadt von Basel am Rhein © stock.adobe.com/Eva Bocek; S. 64/65: Rheinschleife bei Boppard © stock.adobe.com/Leonid Andronov; S. 66/67: Altstadt von Cochem am Rhein © Freesurf/Fotolia; S. 68/69: Burg Pfalzgrafenstein im Rhein © stock.adobe.com/pusteflower9024; S. 70/71: Panorama von Heidelberg © Sergey Dzyuba/shutterstock; S. 73: Altstadt von Heidelberg © FooTToo/shutterstock; S. 77: © pixelshop/shutterstock; S. 78/79: Weinberg nahe Merseburg am Bodensee © Pixel62/shutterstock; S. 80/81: © Julia Ardaran/shutterstock; S. 82/83: © stock.adobe.com/Otto; S. 85: © stock.adobe.com/lesselemon; S. 86/87: © magicbeam/shutterstock; S. 89: © stock.adobe.com/ShevarevAlex; S. 91: © Anton Gvozdikov/shutterstock; S. 92/93: Berghaupten im Schwarzwald © Franz/Fotolia; S. 96/97: © Butch/Fotolia; S. 99: © Nataly Studio/shutterstock; S. 103: © stock.adobe.com/bennytrapp; S. 104/105: © stock.adobe.com/Jean Kobben; S. 109: Aleksei Marinchenko/shutterstock; S. 111: © Friedberg/Fotolia; S. 112/113: Nürtingen, Stadtkirche und Neckarufer © pure-life-pictures/Fotolia; S. 114: © Vitaly Krivosheev/Fotolia; S. 117: © Oleksandr Lytvynenko/shutterstock; S. 118/119: © S.Borisov/shutterstock; S. 120/121: © Jürgen Fälchle/Fotolia; S. 123: © stock.adobe.com/chupacabra; S. 124: © caifas/Fotolia; S. 125: © Jürgen Fälchle/Fotolia © ebenart/Fotolia; S. 126: © picture alliance; S. 127: © Ilhan Balta/Fotolia